Mascha Ka
Sei klug und halte d

Die titelgebende Zeile aus dem Gedicht »Rezept« weist auf die Lebensklugheit hin, die sich nicht nur in den Werken der Dichterin findet, sondern auch in ihren Briefen. So treffsicher und realistisch ihre Gedanken über das Leben sind, so ironisch und gewitzt schreibt die große Lyrikerin gegen den Alltag an: Eine wunderbare Lektüre, die amüsiert, Mut macht und zum Nachdenken einlädt.

Mascha Kaléko, am 7. Juni 1907 als Tochter jüdischer Eltern in Galizien geboren, fand in den Zwanzigerjahren in Berlin Anschluss an die intellektuellen Kreise des Romanischen Cafés und wurde schnell sehr erfolgreich. 1938 musste sie in die USA emigrieren, 1959 siedelte sie von dort nach Israel über. Sie starb am 21. Januar 1975 nach schwerer Krankheit in Zürich.

Gisela Zoch-Westphal, der Mascha Kaléko ihr literarisches Erbe anvertraute, hat bereits zahlreiche Gedichtbände der Lyrikerin herausgegeben. Sie lebt bei Zürich. *Eva-Maria Prokop* beschäftigt sich seit vielen Jahren mit dem schriftlichen Nachlass der Dichterin. Sie lebt im Chiemgau und arbeitet als Lehrerin und Coach.

MASCHA KALÉKO

Sei klug und halte dich an Wunder

Gedanken über das Leben

Herausgegeben von
Gisela Zoch-Westphal
und Eva-Maria Prokop

dtv

Von Mascha Kaléko
ist bei dtv außerdem lieferbar:
In meinen Träumen läutet es Sturm
Die paar leuchtenden Jahre
Mein Lied geht weiter
»Liebst du mich eigentlich?«
Liebesgedichte
Feine Pflänzchen
Das lyrische Stenogrammheft
Verse für Zeitgenossen
Wir haben keine andere Zeit als diese
Träume, die auf Reisen führen
Sämtliche Werke und Briefe

Originalausgabe 2013
13. Auflage 2022
dtv Verlagsgesellschaft mbH & Co. KG, München
© 2013 für die Zusammenstellung:
dtv Verlagsgesellschaft mbH & Co. KG, München
© 1975, 2012, 2013 für die Texte: Gisela Zoch-Westphal
Umschlagkonzept: Balk & Brumshagen
Umschlaggestaltung: Lisa Höfner
Gesetzt aus der Avenir Next
Satz: Bernd Schumacher, Obergriesbach
Druck und Bindung: Druckerei C.H.Beck, Nördlingen
Gedruckt auf säurefreiem, chlorfrei gebleichtem Papier
Printed in Germany · ISBN 978-3-423-14256-4

INHALT

Ich spür, daß eine Hand mich hält   9

Mein Leben war ein Auf-dem-Seile-Schweben   33

Kein Morgen bringt das Heute uns zurück   55

Ich träume oft vom Leben, wie's sein könnte   89

Es hat sich nichts geändert hier   109

Geh nicht zu Grunde, den Sinn zu ergründen   129

So bleibt man am Ende/Genau was man war   147

Nachwort   165

Quellennachweis   169

REZEPT

Jage die Ängste fort
und die Angst vor den Ängsten.
Für die paar Jahre
wird wohl alles noch reichen.
Das Brot im Kasten
und der Anzug im Schrank.

Sage nicht mein.
Es ist dir alles geliehen.
Lebe auf Zeit und sieh,
wie wenig du brauchst.
Richte dich ein.
Und halte den Koffer bereit.

Es ist wahr, was sie sagen:
Was kommen muß, kommt.
Geh dem Leid nicht entgegen.
Und ist es da,
sieh ihm still ins Gesicht.
Es ist vergänglich wie Glück.

Erwarte nichts.
Und hüte besorgt dein Geheimnis.
Auch der Bruder verrät,
geht es um dich oder ihn.
Den eignen Schatten nimm
zum Weggefährten.

Feg deine Stube wohl.
Und tausche den Gruß mit dem Nachbarn.
Flicke heiter den Zaun
und auch die Glocke am Tor.
Die Wunde in dir halte wach
unter dem Dach im Einstweilen.

Zerreiß deine Pläne. Sei klug
und halte dich an Wunder.
Sie sind lang schon verzeichnet
im großen Plan.
Jage die Ängste fort
und die Angst vor den Ängsten.

ICH SPÜR,
DASS EINE HAND MICH HÄLT

DIE FRÜHEN JAHRE

Ausgesetzt
In einer Barke von Nacht
Trieb ich
Und trieb an ein Ufer.
An Wolken lehnte ich gegen den Regen.
An Sandhügel gegen den wütenden Wind.
Auf nichts war Verlaß.
Nur auf Wunder.
Ich aß die grünenden Früchte der Sehnsucht,
Trank von dem Wasser das dürsten macht.
Ein Fremdling, stumm vor unerschlossenen Zonen,
Fror ich mich durch die finsteren Jahre.
Zur Heimat erkor ich mir die Liebe.

AN MEIN KIND

Dir will ich meines Liebsten Augen geben
Und seiner Seele flammend reines Glühn.
Ein Träumer wirst du sein und dennoch kühn
Verschloßne Tore aus den Angeln heben.

Wirst ausziehn, das gelobte Glück zu schmieden.
Dein Weg sei frei. Denn aller Weisheit Schluß
Bleibt doch zuletzt, daß jedermann hienieden
All seine Fehler selbst begehen muß.

Ich kann vor keinem Abgrund dich bewahren,
Hoch in die Wolken hängte Gott den Kranz.
Nur eines nimm von dem, was ich erfahren:
Wer du auch seist, nur eines: sei es ganz.

Du bist, vergiß es nicht, von jenem Baume,
Der ewig zweigte und nie Wurzel schlug.
Der Freiheit Fackel leuchtet uns im Traume,
Bewahr den Tropfen Öl im alten Krug.

Avitar

Du bist jetzt ein Jahr alt geworden. Dein Vater hat dieses kleine Buch gekauft, und wir wollen beide dann und wann hineinschreiben für Dich. Wenn Du später, viel später einmal, alles lesen wirst, werden diese Jahre vor Dir auftauchen mit ihrem Schimmer vom Vergangenen. Und Du wirst wie durch einen schmalen Türspalt hineingucken in die Jahre, die Deinem Bewußtsein noch verschlossen waren. Vielleicht wirst Du Dich wundern, vielleicht wirst Du Dich freuen. […] Dein Vater ist in der Synagoge, er dirigiert dort sehr ungern den Chor, aber er muß Brot verdienen, Avitarele, Brot für Dich – für uns drei. Einmal, sagt er, geschieht ein Wunder. Wie gut, daß Du noch klein bist, mein Avitarele, vielleicht erlebst Du das Wunder noch. Vielleicht herrscht Liebe und Gerechtigkeit in der Welt, wenn Du ein Mann sein wirst.

EINER

Einer ist da, der mich denkt,
der mich atmet, der mich lenkt,
der mich schafft und meine Welt,
der mich trägt und der mich hält.
Wer ist dieser Irgendwer?
Ist er ich? Und bin ich Er?

Die Jahre ziehn vorbei, du weißt nicht wie,
Du wohnst in ihnen nur zur Untermiete
Und spielst dein Los auf ihrer Lotterie,
Nimmst alles hin, den Treffer und die Niete.

WEGWEISER

Am Kreuzweg fragte er die Sphinx:
Geh ich nach rechts, geh ich nach links?
Sie lächelte: »Du wählst die Bahn,
Die dir bestimmt ward in dem Plan.
Links braust der Sturm, rechts heult der Wind:
Du findest heim ins Labyrinth.«

»Ich hüpfe«, sprach der Gummiball,
»ganz wie es mir beliebt,
und schließe draus, daß es so was
wie ›freien Willen‹ gibt.«

»Mal hüpf ich hoch, mal hüpf ich tief,
nach Lust und nach Bedarf.«
So sprach der Ball, nicht ahnend, daß
des Knaben Hand ihn warf.

Nun aber, da der Teppich meines Lebens
Flach aufgerollt ist fast bis an sein Ende
Zeigt sich ein Muster, das ihm ferne Hände
Seit langem bunt und kunstvoll eingewebt.
Das seltsame Geflecht von Tag und Jahr
Auf ein Mal liegt es vor mir, rund und klar.

DAS

So also ist das gewesen.
– Man frage bitte nicht, was.
Ich habe die Scherben wieder aufgelesen.
Aber alle Scherben zusammen
machen noch immer kein Glas.

Weil es nicht vollkommen ist
meinen sie, es sei kein Meisterwerk.
Die Welt ist auch nicht vollkommen
Und doch ist sie eines Meisters Werk.

Was geschehn soll, wird geschehen,
was mißlingen soll, mißlingen.
Was im Plan nicht vorgesehen,
kann der Stärkste nicht erzwingen.

Da Du doch genau über das Nirwana Bescheid weißt: wenn man sich das Auf-der-Welt-Sein »erstraft« hat, wie wir ja beide meinen, wieso und weshalb erlebt man dann in diesem Jammertal doch auch Gutes und Schönes? Bloß, daß man doppelt leidet, wenn's einem wieder entrissen wird? Hat denn der Teufel das Management inne? Zuweilen scheint es fast so.

LEIDER UND GOTTSEIDANK

Wenn dich auf Erden der Wechsel verdrießt,
Merke: nichts ankert im Wasser, das fließt.
Nichts ist beständig, nicht Schmerz noch Genuß.
Zweimal schwimmt keiner im selben Fluß.
Denk drüber nach!
Ähnliches sprach
Längst schon der »Dunkle von Ephesus«.

Ich denke nicht; es denkt in mir
So wie es blüht und schneit
Ich schwebe zwischen Raum und Zeit
Es lebt in mir die Ewigkeit

Gib du dem Himmel
dein Glück in die Hände.
Alles geht weiter.
Sei heiter!
Sei heiter!

»Zuhörenkönnen« [ist] eine fast vergessene Kunst. Auch das »Sich-selbst-Zuhörenkönnen« nach innen hinein.

Du Suse bist auch geblieben wie damals. Und daß Du damals WARST, das ist es, denn die meisten sind so bemüht, zu werden, daß sie nicht dazu kommen zu sein.

KURZES GEBET

Herr, laß mich werden, der ich bin
In jedem Augenblick.
Und gib, daß ich von Anbeginn
Mich schick in mein Geschick.

Ich spür, daß eine Hand mich hält
Und führt, – bin ich auch nur
Auf schwarzem oder weißem Feld
Die stumme Schachfigur.

SONNE

Ich tat die Augen auf und sah das Helle,
Mein Leid verklang wie ein gehauchtes Wort. –
Ein Meer von Licht drang flutend in die Zelle,
Das trug wie eine Welle mich hinfort.

Und Licht ergoß sich über jede Stelle,
Durchwachte Sorgen gingen leis zur Ruh. –
Ich tat die Augen auf und sah das Helle,
Nun schließ ich sie so bald nicht wieder zu.

ES WERDE JEDER SELIG
NACH SEINER KONFESSION

Ob Jud, ob Christ: es gibt nur *einen* Gott.
Doch sucht der Mensch ihn unter vielen Namen.
Stehn wir vor IHM, so fragt ER nicht danach,
Auf welchem Pilgerweg wir zu ihm kamen.

Ver – söhn – ung von »Sohn« Gottes?

**MEIN LEBEN WAR EIN
AUF-DEM-SEILE-SCHWEBEN**

Es ist schade, daß es einem oft mit Brüdern und Schwestern nicht besser ergeht als mit anderen Leuten. Mir sind oft Fremde viel näher als Verwandte, - - »Blut« ist offenbar doch nicht so wichtig wie manche meinen mögen, Seelenverwandtschaft ist bindender.

Es ist erstaunlich, was man sich, hat man sich was zu sagen, in den ersten Minuten »mitteilt« ... nicht wahr? Du mir, ich Dir, – der Rest wäre Kommentar gewesen oder Wiederkäuen, was aber auch spaßig sein kann.

[...] so lange mit jemandem schweigen, das setzt voraus, daß man das meiste schon gesagt hat. Und ich habe nie nichts niemandem hier gesagt. Bekannte gibts massig, und sone die gern Freunde wären.

AUSVERKAUF IN GUTEM RAT

Ich habe aus traurigem Anlaß jüngst
so viel freundschaftlichen Rat erhalten,
daß ich mich genötigt sehe,
einen Posten guten Rat billig
abzugeben.
Denn: so einer in Not ist,
bekommt er immerfort
guten Rat. Seltener, Whisky.

Durch Schaden-Freunde
wird man klug.
Sie haben für alles
passenden Rat parat.
Für Liebeskummer und Lungenkrebs.

Für Trauerfälle und deren Gegenteil.
Denn Rat erspart oft Taten.
Befolgt der Freunde Un-Rat nicht!
Dann seid ihr wohl beraten.

DAS GERINGERE ÜBEL

An wahren Freunden oft gebrichts,
Drum sagt man: »Besser dies als nichts.«
Doch ich werd lieber schirmlos naß
Und sage: »Besser nichts als das!«

Sie kommen mit Gaben
Auf Rück-Gaben rechnend.
Die Buchführer der Freundschaft.

Kleine Geschenke *erkalten* die Freundschaft.
Große erhalten sie warm.

[…] auch ich bin Ihrer Meinung, man sieht die (wenigen) Leute, mit denen man reden kann, zu selten … Und ich weiß, was Sie mit den »Spezialisten, auf Hochseil ohne Netz zu gehen« meinen. Etwas Netz haben wir ja um uns gespannt – – es ist weit mehr als Sie meinen […]

Selbst dem, der einst in meinem Sieb
Trotz aller Vorsicht hängen blieb,
Erlaub ich nicht, durch meinen Zaun
Ins Schneckenhaus hineinzuschaun.
Doch hab ich wen von Herzen lieb,
So gelten weder Zaun noch Sieb.

Halte dein Herz an der Leine
Das ist vernünftig, mein Sohn!
(Aber, ganz ehrlich: das meine
Lief mir noch immer davon.)

WORTE IN DEN WIND

Du zahlst für jedes kleine Wort auf Erden,
für jedes Mal, da du das Schweigen brichst.
So tief du liebst, wirst du verwundet werden
und mißverstanden, fast so oft du sprichst.

Ich liebe ihn so sehr! Er liebt mich auch nicht weniger, aber die Ausdrucksform seiner Liebe ist anders als die meine. […] Ich möchte, daß er manchmal etwas mehr an mich denken soll – warum habe ich immerfort das tiefe Bedürfnis, ihm eine Freude zu bereiten? Aber das liegt in der Hauptsache an der Erziehung. Er hat die Erziehung meiner Eltern, die sich auch geschämt hätten, einander Blumen zu schenken. Ich aber bin überströmend von Gefühl für ihn, ich möchte ihm die Welt zu Füßen legen, wer *mehr* liebt, leidet mehr.

Chemjo ist so lieb und ein so »aufmerksamer Liebhaber«, daß ich ihn nicht wiedererkenne. Er bringt mir für die Reise alles, was man braucht, er bringt mir sogar Blumen und Schokolade ...

Das kostet ihn große Überwindung - er hat eine schwer verständliche Scham dafür, seine Liebe zu zeigen in den kleinen rührenden Äußerlichkeiten, mit denen sonst die Liebenden sich zu beglücken verstehen. Für ihn gibt es nur vulkanartige Ausbrüche der Leidenschaft, und er ist herrlich in seiner Liebe - aber Gott hat mich doch nun mal als Frau geschaffen, und so liebe ich am Manne nicht nur die Leidenschaft, sondern auch die väterliche, die ritterliche Zärtlichkeit. [...] Ich weiß, daß er mich sehr, sehr, sehr liebt, ich glaube ihm auch, wenn er sagt, daß ich die Frau in seinem Leben bin, die für ihn Heimat und Liebe zugleich sein kann. Aber ich bin doch nun mal trotz all meiner (guten) männlichen Eigenschaften ein weibliches Wesen, und das ist gut so.

DIE VIELGERÜHMTE EINSAMKEIT

Wie schön ist es, allein zu sein!
Vorausgesetzt natürlich, man
hat *Einen*, dem man sagen kann:
»Wie schön ist es, allein zu sein!«

Es wird mir klarer noch als klar, wie sehr ein Mensch seine »zweite Hälfte« braucht. Was ich in Deiner Gegenwart so einfach hinnehme, das ist mir Luft zum Leben, damit fängt's erst mal an. Zusammen aufstehen, zusammen essen. Der ganze Tag kann dann und soll dann getrennt verbracht werden, aber es gibt dann ein *Heimkommen* …

WAS MAN SO BRAUCHT ...

Man braucht nur eine Insel
Allein im weiten Meer.
Man braucht nur einen Menschen,
Den aber braucht man sehr.

Die Zeit schwimmt dahin, und wir müssen uns treiben lassen. Wie wäre eine solche Zeit zu ertragen ohne den Halt eines eigenen Lebens inmitten dieses Getümmels?

Meine Welt hat sich »verengt« auf zwei Menschen: Chemjo und Evjatar. Sie hat sich dennoch erweitert.

MIT AUF DIE REISE

Ich kann dir keinen Zauberteppich schenken,
Noch Diamanten oder edlen Nerz,
Drum geb ich dir dies Schlüsselchen von Erz,
Dazu mein ziemlich guterhaltnes Herz
Zum Anmichdenken.

Ich kann dir keine braven Socken stricken,
Und meine Kochkunst würde dich nur plagen.
Drum nimm den Scherben rosarotes Glas,
Der führt ins Märchenland Ichweissnichtwas
An grauen Tagen.

Ich kann dir nicht Aladdins Lampe geben,
Kein »Sesam« und auch keinen Amethyst.
Doch weil dein Herz mir Flut und Ebbe ist,
Hier: diese Muschel, schimmernd, wie von Tränen
Zum Nachmirsehnen.

ALLE SIEBEN JAHRE

In den weisen Büchern habe ich gelesen:
Alle sieben Jahre wandelt sich dein Wesen.
Alle sieben Jahre, merket, Mann und Weib,
Wandelt sich die Seele, wandelt sich der Leib.

Wandelt sich dein Hassen, wandelt sich dein Lieben.
Und ich zählte heimlich: drei Mal, vier Mal sieben.
Ach, die Geister kamen. Und mein Ohr vernimmt:
Alle sieben Jahre … Siehe da, es stimmt.

Sorgenvoll betracht ich alle Liebespaare.
Ob sie es wohl wissen: Alle sieben Jahre …
Selbst in deinen Armen fragt mein Schatten stumm:
Wann sind wohl, Geliebter, unsre sieben um?

FÜR CHEMJO ZU PESSACH 1944

Wir haben das Schweben verlernt,
Weh uns, wir kleben am Weg.
Vom Leuchten der Sterne entfernt
Die Flügel gesenkt und träg,
So trotten die Füße ergeben.
Ach, Liebster, bevor es zu spät,
Versuchen wir's, uns zu erheben.

KEIN MORGEN BRINGT
DAS HEUTE UNS ZURÜCK

DAS »MÖGLICHE«

Ich habe mit Engeln und Teufeln gerungen,
genährt von der Flamme, geleitet vom Licht,
und selbst das Unmögliche ist mir gelungen,
aber das Mögliche schaffe ich nicht.

[...] ich habe immer nur die Wahl, mir auszusuchen, *was* ich liegenlassen, bzw. »vernachlässigen« muß.

»Was uns Frauen fehlt, ist ›des Künstlers Frau‹ – – Oder gleichwertiger Ersatz« schrieb eine uns beiden nicht unbekannte Bardin (Betonung auf der ersten Silbe, Bittäahh!) zu diesem Thema. Wenn mir einer die Betten machte und mir mein Huhn im Topf lieferte, wäre auch ich frei für meinen Muserich … So aber …

[...] wer kümmert sich um Ihre sogenannten unverzichtbaren kreatürlichen Bedürfnisse. (Diese nenne ich unverzichtbar: Essen und Obdach, es ist erstaunlich, wie wichtig diese banalen Bedürfnisse werden, wenn sich *niemand* um sie kümmert. Genau wie Gesundheit (und Jugend) fallen sie nur durch Abwesenheit auf ...)

Eine *unglückliche* Mutter ist kein guter Erzieher.

Hab so schöne dicke Bücher zum Lesen. Aber die T-V-itis breitet sich so aus, daß man kaum noch am Gespräch teilnehmen kann, wenn man von 8 Uhr abends nicht TV-ge-»feedet« wird. Sogar gescheite Leute sagten »man kommt einfach nicht mehr mit ohne TV«. Na, einstweilen will ich gar nicht so schrecklich gern »mitkommen«. In Büchern ist doch noch Wertvolleres zu finden […]

Alles Schund, – – aber verflixt noch mal, sobald man so ein Stück Schund wegwirft, erweist sich, daß man genau dieses Stück braucht … Tücke des Objekts.

Es gibt so viel Dinge zwischen Himmel und Rechtschreibung ... Horatio!

POLIZEILOGIK
– Was verstehen Sie darunter?

– Zum Beispiel Paragraphen, so wie diesen:
Wer keinen Ausweis hat, wird ausgewiesen.

SAURE TRAUBEN

Von allem blieb dir unvergessen
Ersehntes, das du nie besessen.
Die schönste Frau und die lieblichste Landschaft
verlieren bei allzunaher Bekanntschaft.

DEN SNOBISTEN

Genial zu sein mag dem Genie gelingen,
zum Snob jedoch kann es der Dümmste bringen.
Der eine tut. Der andre tut, als ob.
So unterscheidet sich der Mann vom Snob.

Mit dem Spießer würde ich nicht tauschen,
Der dem Trinker sich erhaben dünkt,
Weil er nur des Samstags sich betrinkt!
Doch im Rausch zur Welt hinauszurauschen,
So wie du, und in das Nichts versinken,
Möcht ich wohl. Kommt einmal meine Zeit,
Ganz wie du will ich dann furchtlos trinken
Brüderschaft mit der Unendlichkeit.

ALKOHOLVERBOT

So allein
ist keiner
wie einer,
der ganz allein ist.
Wenn einer
beim Wein ist,
ist er schon
zu zwein.

[…] ich aß gestern in so ner kleinen Gaststätte am Beethovenplatz, nahe der Goethestraße, da saß an einem Tisch neben mir ein Mann, schwarzhaarig mit galizischer Physiognomie, er aß und trank und bestellte sich Dessert und Bier und Kaffee, - - und zwischen jedem Gang gab er einen Krechz, der mir so jüdisch klang, daß ich mich beherrschen mußte, nicht an seinen Tisch zu kommen und ihn anzusprechen. Normalerweise hätten mich keine 10 Pferde zurückgehalten, aber meine 10 Pferde hier waren 1.) daß ich nur 60% sicher war, er ist Jude - - könnte auch ein Balkan-Vertriebner oder Italiener sein - - 2.) habe ich so viel zu tun, die Herren, die *mich* ansprechen, loszuwimmeln, daß ich nicht selber mir das aufladen wollte. Aber ich ging doch schweren Herzens fort, und ich hätte es vielleicht doch tun sollen .. Helfen hätte ich nicht können, aber ein Wort reden.

Die lob ich mir, die leise tun und beten.
Doch viel zu laut sind mir, die leise treten.

Aber soll man dem Kinde verschweigen, daß Wölfe beißen? Quälende Mission, Lehrer solcher Weisheiten zu sein.

Die jungen Priester, die an den Vatikan-Seminaren studieren. Man sah sie fromm knien drin vor den Altären und leise vor sich hinmurmeln. Alle sahen sie unmännlich aus, aber nicht auf eine »unirdische« Weise, sie hatten nichts von Engeln, aber auch nichts von Männern an sich. Ist das Zufall, oder zieht dieser Beruf heute nur noch etwas innerlich »Unterernährte« an …? Unter den Nonnen sah man eher »Gesichter«.

Es ist alles mächtig imposant und riecht nach »Power« mehr als nach »Glaube«. Der Glaube braucht keine »genuine Diamonds in the Crown of the Madonna«, noch dazu, wenn die echten unten in der Schatzkammer verwahrt sind, und was hier in dem Kadosh Kadoshim als »diamond« angebracht ist, von Woolworth (wenn auch teurerer Gattung) stammt. – Das kommt mir vor, wie manche deutschen Familien, bei denen es das gute »Besuchs-Service« nur gibt zu festlichen Gelegenheiten, sonst ißt man von abgehackten Tellern und trinkt aus abgesplitterten Tassen ....

Meine Reise war, was man gemeinhin einen »Erfolg« nennt, ich war an vielen Orten und jede Lesung war besser als die vorangehende und so weiter .... Aber wie SATT ich das alles hatte ...! [...] ich [wurde] verköstigt und beapfelweint [...], und auch champagnert – – doch es macht ja so viel aus, mit wem man trinkt ...

Geld kann eine »Frau allein« auch nicht retten. Nur ihr helfen, daß sie sich ab und zu etwas »rettet«.

Wir sind ohne Geld. Ohne Freunde. Ohne Verbindungen. Ohne Hoffnung. […]

    Verfluchtes Geld. Demütigend, keines zu haben. Oh, wie die »Freunde« weichen, wie von Pestkranken.

MIT EINEM TALISMAN

Bin nicht aus Silber noch aus Gold
Drum wird mir meist kein Lob gezollt.
Doch: daß ich bin, was ich nun bin,
Drauf kommt es an, – ob Blech, ob Zinn.

Mir wurde ganz elend zumute, wie arm die reichen Leute eigentlich sind. Der Tag beginnt mit dem Kurszettel, und jedes Gespräch zirkuliert doch um das Geld, und wie es am sichersten anzulegen, (auch bei Leuten, die es nicht aufs Geld abgesehen haben, aber in seinem Besitz die Möglichkeit sehen, frei zu leben). Frei, von was? Von Geldsorgen. Aber ist die Sorge *um* das Geld und seine Sicherheit nicht beinahe ebenso schlimm? Ich glaube, man bekommt eher vom Kurszettel Herz-Anfälle als vom Pfandschein …

Geld haben ist nicht schön. Aber Geld nicht haben ist schrecklich.

Ein Bankkonto ist eine gute Vorbeugung gegen Depression.

Organisierte Wohlfahrt macht die Menschen verantwortungslos dem leidenden Einzelwesen gegenüber. Sie haben ihren Beitrag gezahlt. Ihr Gewissen ist rein. Du verrecke. Warum bist du nicht successful? Wobei success – nur Geld heißt. Ein wohlverdienender Gangster ist ein nützliches Glied der Gesellschaft, ein hungernder Genius eine nuisance. Ein Künstler bist du nur, wenn du die Kunst des Dollarwachsens verstehst.

VERSE FÜR EIN AMERIKANISCHES BANKBUCH

(geschrieben in Wall Street, New York)

Wenn drüben einer nach dem Beruf des Herrn Vaters
    uns fragte,
So sagte man – gewöhnlich kleinlaut, ja nahezu
    schuldbeladen –
Das Wörtchen: »Kaufmann«. Stand nicht in hohen
    Gnaden,
Wenn man auch, umgerechnet, many Dollars machte.

Hierzulande jedoch, sowohl für Mister Kelly als auch
    für Mister Cohn,
Ist »business« die zweite, wenn nicht gar die erste,
    Religion.
Heilig, heilig, heilig ist der Herr. Vorausgesetzt, er
    kann zahlen.
Ein' feste Burg ist unser Geld. Es wohnet in
    Kathedralen …

– Haben Sie unsere Banken hier schon gesehn?
Ganz die Akropolis von Athen.
Mit zentraler Heizung, versteht sich, und zentraler
                            Kühlung.
Außen antik, innen modernste Wasserspülung.
Und Marmorsäulen stehn und flehn dich an:
Verzins dein Kapital beizeiten, Mann!

Unsere Kirchenarchitektur, that's true, erscheint
                            dagegen fast kläglich.
Aber das ist statistisch durchaus begründet, dear
                            friend:
Die Seelenzahl der Beter beträgt alljährlich nur ein
                            Minimalprozent.
… Mit ihrer Bank jedoch verkehrt die moderne Seele
                            fast täglich.

DAS SPIEGELGLAS

Ein altes Gleichnis hörte ich vom Geld:
Schau durch ein Glas, und du erblickst die Welt.
Stopf es mit Silber voll – was wird geschehn?
Nichts als dich selbst kannst du darin noch sehn.

Die Sonne sinkt, doch leider nicht die Preise.

Dankes voll am letzten Licht sich labend,
Lobt der Mensch den Tag erst wohl am Abend …

GUTE VORSÄTZE

»Morgen«, sage ich, »morgen«!
»Übermorgen!« sogar.
Bald ist das Leben vorüber,
ohne daß »morgen« je war.

ICH TRÄUME OFT VOM LEBEN, WIE'S SEIN KÖNNTE

CHANSON VOM KLEINEN GLAS

>»Mon verre est petit.
>– Mais je bois dans mon verre.«
>(Irgendein Franzose.)

Das Breitformat scheint nicht zu mir zu passen!
– Vor meinem Fenster braust kein Wasserfall,
Dräut kein Vesuv. Auch keine Gletschermassen,
Ein Bächlein nur rollt flüsternd sich ins Tal.
Sogar mein Wappen (wenn ich eines hätte,
Wie es sich schickt für eine Frau von Welt)
Entspräche kaum der stolzen Etikette:
Ein Großstadtspatz auf asphaltgrauem Feld.
Mein Lieblings-Sternbild ist der »Kleine Bär«.
– Mon verre est petit. Mais je bois dans mon verre!

Mein Schicksal reicht höchst selten zu fünf Akten!
– Mein Dasein scheint das reinste Impromptu.
Das Thema ist erschöpft in ein paar Takten.
Nein, mein Format ist nicht die Sinfonie.
Mir liegt das Epos nicht, noch die Romanze.

Mein sind nur Epigramm und Menuett.
Den Goliaths laß ich gern die Riesenlanze.
Mein Präzisionsgriff fordert das Florett.
Ich bin kein Shakespeare, und auch kein Molière.
– Mon verre est petit. Mais je bois dans mon verre!

[…]

Komm ich dereinst auf meiner Rosinante
(Beziehungsweise: meinem Pegasus)
Ans Hohe Tor, zu Orpheus und zu Dante,
Villon, Rimbaud und Sankt Silesius,
Fürcht ich mich nicht vor den erlauchten Namen,
(Weil man ja vor den Großen doch besteht!)
Noch vor den »klassisch eingestellten« Damen.
Hier gilt nur eins: Warst du dir treu, Poet?
– Kein Liliencronprinz oder Neu-Rilk-ist,
Kein Auch-George. Warst du, der du bist?
Dann schreib ich in den letzten Questionnaire:
»Mon verre est petit. Mais je bois dans mon verre.«

CHANSON VON DER FREMDE

Die Fremde ist ein kaltes Kleid
Mit einem engen Kragen
Ich hab's mit meinem Koffer oft
Im Leben schon getragen

Als Einzelgänger von Natur
Wohn ich nicht gern zu Gaste
Ich hause lieber unterm Dach
Als fremd im Prunkpalaste

Ich reise ohne Stock und Hut
Und tanze aus dem Reigen
Wenn einer eine Reise tut
Da kann er viel verschweigen.

KEIN KINDERLIED

Wohin ich immer reise,
ich fahr nach Nirgendland.
Die Koffer voll von Sehnsucht,
die Hände voll von Tand.
So einsam wie der Wüstenwind.
So heimatlos wie Sand:
Wohin ich immer reise,
ich komm nach Nirgendland.

Die Wälder sind verschwunden,
die Häuser sind verbrannt.
Hab keinen mehr gefunden.
Hat keiner mich erkannt.
Und als der fremde Vogel schrie,
bin ich davongerannt.
Wohin ich immer reise,
ich komm nach Nirgendland.

[…] allein bin ich eigentlich nie schlecht gelaunt, es ist der Umgang mit Menschen, der mir mehr schwer fällt als das wirkliche Alleinsein.

[…] ich bin immer so in Stimmung, manchmal wein ich, manchmal lach ich, manchmal denk ich bloß nach ... Aber lauwarm ist es nie in mir.

Sei still, sei still
Und, hinter Wolken, heiter.
Es geht vorüber;
Und es geht auch weiter ...

»TAKE IT EASY!«

»Tehk it ih-sie« – sagen sie dir.
Noch dazu auf Englisch.
»Nimm's auf die leichte Schulter!«

Doch du hast zwei.
Nimm's auf die leichte!

Ich folgte diesem populären
humanitären
Imperativ.
Und wurde schief.
Weil es die andre Schulter auch noch gibt.

Man muß sich also leider doch bequemen,
es manchmal auf die schwerere zu nehmen.

Von Mai bis Januar sind nur ein paar Monate. Für uns sind es Jahre. Jahrzehnte, wenn man die Zeit nach der Fülle der Geschehnisse mißt. Am 23. Oktober 38 sind wir in New York angekommen. Nach Monaten angestrengtester Arbeit und täglichen Umherrasens nach den Papieren. Es ist wie ein Wunder, daß wir noch den schrecklichen Hitler-Pogromen vom 11. November entronnen sind. Die Nachrichten aus Deutschland sind entsetzlich, die polnischen Juden sind deportiert, die anderen verhaftet oder verfolgt.

Das wirft einen langen Schatten auf uns, die diesem Schicksal um Haaresbreite Entronnenen.

Die Nacht,
In der
Das Fürchten
Wohnt
Hat auch
Die Sterne
Und den
Mond.

Zwei Seelen wohnen, ach, in mir zur Miete
- Zwei Seelen von konträrem Appetite.

Wer mit den Wölfen heult, der heult mit allen Tieren.

Ein dicker Strich ist einfach nötig von Zeit zu Zeit.

Ich selbst bin der Meinung, keine erste Ehe kann eigentlich halten, wenn man sie jung schließt. Die zweite hat mehr Chancen.

[…] sollte man nicht bei vielen vom »faulenden« Alter sprechen, Reifen bringt doch Früchte, statt Verwesung.

Altwerden ist nicht so schwer
Wenn es einem gelingt,
Einen haltbaren Kontrakt mit der Einsamkeit zu
                                            schließen

Das MINIMUM ist des Alters MAXIMUM.

ES HAT SICH NICHTS GEÄNDERT HIER

DER SOGENANNTE BODEN DER TATSACHEN

Heutzutage muß man fest entschlossen
mit beiden Beinen auf dem Boden stehen.
Zumal die meisten unsrer Zeitgenossen
mit allen vieren drauf spazierengehen.

Er ist ein Ubibeneibipatriot, – – das ist mir eben aus der Maschine geflossen und paßt auf so viele […]

Mittelmäßigkeit ist meist mit Ellbogenkraft verbunden.

EIN GLEICHES

Was ist der ganze Ruhm der Welt?
Heut Lorbeerkranz und morgen Besen.
Ein Scheck, im Diesseits ausgestellt,
vielleicht im Jenseits einzulösen.

Hollywood, das ist keine Stadt. Noch eher 'ne
　　　　　　　　　　　　　　Weltanschauung:
Kategorischer Boxoffice-Imperativ als höchstes Prinzip
　　　　　　　　　　　　　　der Erbauung.
Herstellungszentrale für Massenglück von cirka drei
　　　　　　　　　　　　　　Stunden Dauer.
Die Scheinwelt als Wille und Vorstellung, adapted
　　　　　　　　　　　　from Schopenhauer.

WENN DU DEINEN GÖNNER BESUCHST

Leg deine Bildung ab im Vestibüle,
daß sich der Herr dir überlegen fühle.
»Wissen ist Macht«: jedoch in solchen Fällen,
heißt es, sein Lichtchen untern Scheffel stellen.
In diesem prächtgen, mächtgen Kreise
ist klug sein Dummheit, dumm sein: weise.

Ich brötle gern eigen.
Im eigenen Stall.
Und tanz ich schon mal,
dann nur aus dem Reigen.

VORSICHT – VOR DER VORSICHT

Mich treibt ein dunkles Weißnichtwas,
Gefahren zu verneinen.
Ich sitz in einem Haus aus Glas –
und werfe doch mit Steinen.

FEINDE

Die Feinde, sagst du,
geben dir
auf Erden keine Ruh.
Du hast nur einen
wahren Feind,
mein Bruder:
das bist du!

HAT ALLES SEINE ZWEI SCHATTENSEITEN

Ans Werk herangehn kann man von zwei Seiten.
Das siehst du früher oder später ein.
Die eine: man beauftragt einen zweiten.
Die andere: man tut es gleich allein.

Eines läßt sich nicht bestreiten:
Jede Sache hat zwei Seiten!
Die der andern, das ist eine,
und die richtige Seite: Deine.

»Bescheidenheit ist eine Zier«.
Wem anderer Gaben Segen
versagt geblieben ist, tut gut,
dies eine Talent zu pflegen.

GLÜCK UND UNGLÜCK

Das Glück ist arm an Phantasie.
Sein Repertoire ist ziemlich klein;
Das Unglück aber – ein Genie!
Ihm fällt stets etwas Neues ein.

Vom Volk der Vögel lerne du:
Beschmutze nie dein Nest.
Ein weiser Vogel merkt oft mehr
Als er sichs merken läßt.

»DER KAISER IST JA NACKT!«

Auch jenes Kind sprach »ungefragt«,
wie mancher, der die Wahrheit sagt.
(Doch Leisetreter kriechen leider
In jedes Kaisers »neue Kleider«.)

Zum Thema Kitsch: die Grenze ist fast zu fein, um eine klare Definition zu geben, - aber wenn ich eine halbe Definition wagen sollte, möchte ich vielleicht sagen, - - wenn man Zartestes, Tiefstes überhaupt aussprechen darf, dann nur in einer Weise, die in einem selbst entstand, nicht in Gemeinplätzen, dann muß der Ausdruck ebenso subtil und eigen sein wie das, was es ausdrücken soll. Wo nicht, dann ist Schweigen ein edlerer »Ausdruck«.

Reden schafft Lärm
Schweigen schafft Stille
Stille ist Fülle. Worte nur Hülle

**GEH NICHT ZU GRUNDE,
DEN SINN ZU ERGRÜNDEN**

PSYCHO-SOMATISCHES

Schmerz quält den Leib,
die Seele martern Leiden.
Was trägt sich schwerer –
Schmerzen oder Leiden?
Ich kann mich immer noch nicht recht entscheiden:
Ich werde täglich heimgesucht von beiden.

Ich meine immer, der Kranke suche sich eine Legitimation. Ich weiß das von mir selbst. »Organisch bedingt« erlaubt einem, krank zu sein ohne schlechtes Gewissen, so als sei man noch ein Kind, das sich »sonst« als Schulschwänzer fühlt ...

LETZTES WORT

Gäb mir ein Gott
»zu sagen, was ich leide«,
ich sagte es.
Doch, da er mir's versagt,
versag ich's mir.
– Nur, da ihr fragt,
dies, eh ich stumm verscheide:
Was immer ich geklagt,
ich habe nichts gesagt.

Wie es mir geht
Das ist leichter geseufzt
als beschrieben.

SUBLIMIERTES WEHWEH

Wie in der kranken Auster nur
sich eine Perle rundet,
so formt sich auch des Dichters Lied
im Herzen, das verwundet.
- Und beiden stockt die Produktion,
wenn der Patient gesundet.

Lache! Alles stimmt mit ein.
Weine – und du weinst allein.

locker
so locker hinterm Auge
sitzen mir die Tränen
wie Regentropfen vor dem Gewitter
es braucht nichts als einen
kleinen Blitz
und du
weinst

Das Fest ist aus, der Geigenton verklungen,
Gesprochen ist das allerletzte Wort.
Bald schweigt auch sie, die dieses Lied gesungen.
Sing du es weiter, Kind, denn ich muß fort.

– Mir flog die Seele fort, vom Schmerz versehrt,
Und ist noch immer nicht zurückgekehrt.

Kein Wort. Kein Wort, Gefährte meiner Trauer!
Verwehte Blätter treiben wir dahin.
Nicht, daß ich weine, Liebster, darf dich wundern,
Nur daß ich manchmal ohne Träne bin.

[…] ich ertrinke in Trauer – – und in Papieren.

In meinen Träumen läutet es Sturm,
schlägt's an mein Fenster, rasselt's an Türen.
– Ob wohl die Toten im Grabe nichts spüren?

Wir sind froh, unser müdes Haupt auf das eigne Kissen legen zu können, eine der existentiell nicht zu unterschätzenden »Freuden«. Was mich angeht, ich bin seit Stevens Tod mittenentzweigebrochen, nichts freut mich mehr. Fast nichts.

    Aber nur keine Klagemauer werden ....

Es klagt der Schmerz.
Doch tiefster Kummer schweigt.

Mir fiel auch noch ein, was es war, das mich an dem »Dorian Gray« erregte: es war das Leid, das eigentlich aus Scham keinem enthüllt werden darf, – (das auch, soweit das in der Kraft des Einzelnen ist, meist »getarnt« werden kann). Die einzigen Menschen, die das Recht hätten, einen seelisch so »nackt« in seinem Schmerz zu sehen, sind die, deren Verlust dieser Schmerz ist. Nur nicht das »Mitleid« der Umwelt provozieren.

Wer Gott im Lachen einst verlor,
Der findet ihn im Weinen.

SO BLEIBT MAN AM ENDE
GENAU WAS MAN WAR

Mit fünfunddreißig –
so sagte ein Weiser,
sei er ein Bettler
sei er ein Kaiser,
ob er geführt wurde
oder verführt,
– hat jeder das Angesicht,
das ihm gebührt.

DEM UNENTWEGTEN OPTIMISTEN

Die rosa Brille diene nur zum Putze!
Denn brauchst du sie, ist sie zu garnichts nutze.
Sie steht dir wohl an himmelblauen Tagen.
Doch hüte dich, im Nebel sie zu tragen.

DER GLÜCKLICHE PESSIMIST

Wie glücklich ist der Pessimist,
Wenn etwas schiefgegangen ist!
Und geht es aller Welt auch schlecht,
Ihm bleibt der Trost: er hatte recht.
Ein Träger düstrer Unheilsbrillen,
Glaubt er nicht mal an »freien Willen«.

Doch gläubig sind die Optimisten,
Ob sie nun Moslems, Juden, Christen.
Und kommen sie einst alle heil
In Gottes Himmelreich,
Dann sagt der Optimist: »Dieweil …«
Der Pessimist: »Obgleich …«

Nie der Angst mehr als den kleinen Finger geben
Und keinem diesen kleinen Finger zeigen.

»Ein Bild ist mehr als 1000 Worte« sagt der Chinese. Und ein Gespräch mehr als 1000 Briefe, (selbst wenn sie etwas weniger spärlich ausfallen könnten).

Es fragt uns keiner, ob es uns gefällt,
ob wir das Leben lieben oder hassen.
Wir kommen ungefragt in diese Welt
und werden sie auch ungefragt verlassen.

»Klagen schadet immer unserem Ansehen…« sagt der weise Fontane – – aber kommt es auf das Ansehen an – – gibt es nicht Zeiten, da das Menschliche, – auch das Schwachsein, das so menschlich ist zuzeiten, – ehrlicher ist als das Heroische …?

Ich frage mich vieles, nicht nur dies.

Und die Menschen, vor denen man »heroisch« zu sein vorzieht, sind es oft gar nicht wert, daß man sich so müht, sich zu verstellen.

Das habe ich wohl langsam gelernt, und darum »klage« ich […]

Um den Kopf
verlieren zu können,
muß man einen haben.

EIN DICHTER ...

Ein Dichter, wenn er lebt,
hat nichts zu lachen.
Mit toten Dichtern läßt sich vieles machen.

UNSINN UND SINN

Du suchst und suchst, und kannst den Sinn nicht finden.
Gibs auf; denn so wirst du ihn nicht ergründen.
Zieh deines Wegs und träume vor dich hin:
Wie oft enthüllt im Unsinn sich der Sinn!

VOM SINN DES LEBENS

Ich habe in den Büchern nachgeschlagen
über den sogenannten Sinn des Lebens.
– Die Gelehrten sind sich darüber einig,
daß sie sich darüber nicht einig sind.

MEDITATION

Nichts ist, sagt der Weise.
Du läßt es erstehen.
Es wird mit dem Wind
deines Atems vergehen
unmerklich und leise.
Nichts ist, sagt der Weise.

Aus Gretens Zeilen spürt man, daß etwas in ihr zum Glück doch noch »achtzehnjährig« geblieben ist, die ganz Erwachsenen, sind oft nicht zu ertragen. Nur die Weisen und die Kinder. Oder die weisen Kinder in reiferem Alter.

Soll man die Wohlgeratenen beneiden,
Die kühl und praktisch nie an Weltschmerz leiden,
Weil ihre Herzen längst gestorben sind?
Ach, der Gedanke schon läßt mich verzagen …
Mein Schicksal bleibt es, Träumen nachzujagen,
Ein hoffnungslos verlornes großes Kind.

LOBENSWERTES LEBENSMOTTO

Was immer die Dinge mir bringen,
ich stehe über den Dingen.
Was immer die Dinge mir tun,
ich tue, als wär ich immun.
Und kann ich das Wollen nicht wollen,
so schicke ich mich in das Sollen.
Die Haltung zum Guten, zum Schlimmen
kann keiner als ich nur bestimmen.

NACHWORT

Das Wort »Wunder« kommt unzählige Male im Werk und besonders häufig in den Briefen Mascha Kalékos vor. Der Titel dieses Bändchens stammt aus dem Gedicht »Rezept«: »Sei klug und halte dich an Wunder. Sie sind lang schon verzeichnet im großen Plan«, heißt es dort. Spricht sie sich selbst Mut zu oder uns Lesern? Wahrscheinlich beiden. Mascha Kaléko war überzeugt davon, dass es Wunder gibt: »Glaubte man nicht an Wunder, wäre man kaum mehr da.«, schrieb sie im März 1969 an die Buchhändlerin Marthe Kauer; im Dezember 1971 bekannte sie einer Freundin in einem Brief: »Ich glaube ja an Wunder, wie Sie wissen.«

Betrachtet man die Lebensgeschichte der Dichterin, so wird schnell deutlich, dass das eine oder andere Wunder bei so vielen Rückschlägen geradezu lebensnotwendig war. Sieben Jahre alt war sie, als sie wegen drohender Pogrome die erste Flucht mit den Eltern aus Galizien in Richtung Westen antrat. Ein Auf-der-Flucht-Sein von Kindheit an, das sich wie ein roter Faden durch ihr Leben zog: 1918 gingen die Eltern nach Berlin, erst dort fand Mascha im Laufe der Jahre eine scheinbare Heimat. Ihr erstes Buch, das 1933 bei Rowohlt herauskam, ›Das lyrische Stenogrammheft‹, brachte ihr frühen Ruhm, doch die »paar leuchtenden Jahre« endeten schon 1938 mit der Emigration. Sie schaffte es, im Exil in New York ein neues Zuhause zu finden, doch sie musste wieder weiterziehen; diesmal aus Liebe zu ihrem Mann Chemjo Vinaver nach Israel, wo sie nicht zuletzt wegen mangelnder Sprachkenntnisse niemals wirklich heimisch wurde. »Zur Heimat erkor ich mir die Liebe«, schrieb sie in ihrem Gedicht »Die frühen Jahre« – ihr Mann und ihr Sohn Steven waren der Mittelpunkt ihres Lebens. Doch 1968 traf sie ein Schicksalsschlag, von dem sie sich nie mehr erholte: ihr einziges Kind starb im Alter von einunddreißig Jahren.

Ein Urvertrauen ins Leben ist schwer unter diesen Umständen, aber es gab wohl doch ein Vertrauen in eine höhere Macht: »Ich spür, daß eine Hand mich hält und führt«, heißt es in »Kurzes Gebet«. Diese Überzeugung und ihre intensive Beschäftigung mit dem Zen-Buddhismus, den sie häufig in ihren Briefen thematisierte, haben ihr Kraft gegeben und Mut gemacht, auf Wunder zu vertrauen. 1956 begab sich Mascha Kaléko auf die erste Deutschland-Reise nach ihrer Emigration. Bangen Herzens trat sie den Weg in die alte Heimat an, doch schnell fügte sich alles zum Guten. Am 10. Januar 1956 schrieb sie an ihren Mann: »Chemjolein: ich habe nur Gutes zu berichten, um Dich schon am Anfang des Briefes zu beruhigen. Es ist alles wie nach Maß bestellt. […] Also es fing alles grau an und ist im Moment mehr als rosig, - - aber ich ließ mich vom ›Unglück‹ nicht unterkriegen, und lasse nun das ›Glück‹ mich nicht zu hoch kriegen. […] ZEN hält mich davon zurück, zu jubeln oder zu verzweifeln. Ich tue meins. Was wird, hängt nicht allein von mir ab.« Eine starke Schicksalsgläubigkeit spricht aus diesen Sätzen, denn wie man in ihren Briefen lesen kann, hat sie oft erlebt: es gibt den positiven Zufall – vor allem da, wo man ihn nicht vermutet. Wer ihn erkennt, hat die Möglichkeit, ihn zu nutzen. Die Griechen nannten das Kairos. Robert Musil schrieb 1930 vom »Möglichkeitssinn« – vielleicht hat Mascha Kaléko diesen Text gekannt: »[…] alles, was ebensogut sein könnte, zu denken und das, was ist, nicht wichtiger zu nehmen als das, was nicht ist.«

Der Glaube an Wunder ist wohl der kühnste gedankliche Vorgang, zu dem unser Gehirn fähig ist. Er drückt Phantasie, Hoffnung und Lebenswillen aus. Die in diesem Buch versammelten Texte aus den Werken, Briefen und Tagebüchern Mascha Kalékos sind »Gedanken über das Leben« in all seinen Facetten. Liebe und Freundschaft beschäftigten die Dichterin ebenso wie

Krankheit, Leid und Tod, Transzendentales, Abstraktes und »Höheres« ebenso wie der gar nicht banale Alltag, die ständige Sorge um Geld – und immer und immer wieder das Schicksal. Unter den Zitaten aus ihrem Nachlass finden sich Betrachtungen und Aphorismen, die so voller Lebensklugheit sind, dass sie als universelle Weisheiten gelten können. »Ich erschrecke fast, wie viel Kraft in Ihnen ist! Und wie viel Klugheit! Nein, Weisheit […]«, schrieb der Kollege und Freund Johannes Urzidil im April 1958 an die Dichterin.

Nicht nur Erich Kästner hat seinen Lesern eine »lyrische Hausapotheke« hinterlassen. In diesem Band findet sich Zuspruch für alle Lebenslagen. Die Lektüre soll zum Nachdenken anregen und Mut machen, so klug zu sein, sich manchmal einfach auf Wunder zu verlassen.

Zürich und München im Juni 2013

Gisela Zoch-Westphal
Eva-Maria Prokop

QUELLENNACHWEIS

Die Texte aus Werken und Briefen Mascha Kalékos sind der kommentierten Ausgabe entnommen (Mascha Kaléko: Sämtliche Werke und Briefe in vier Bänden, Deutscher Taschenbuch Verlag, München 2012). Sie werden unter Angabe der Band- (römisch) und Seitenzahl (arabisch) nach der Gesamtausgabe zitiert, auch wenn sie zuvor in Einzelbänden erschienen sind. Die Orthographie und Interpunktion wurde aus Gründen der Lesefreundlichkeit stellenweise sanft angeglichen.

Die Tagebuchauszüge sind dem Band ›Die paar leuchtenden Jahre‹ (LJ) entnommen und werden daraus zitiert. Die Seitenzahlen beziehen sich auf die aktuelle Auflage.

Die halbfetten Ziffern verweisen auf die Seitenzahlen des vorliegenden Bandes.

7| I 307	**40**| I 600	**69**| I 609
11| I 669	**41**| I 675	**70**| II 224
12| I 206	**42**| III 1379	**71**| I 327
13| LJ 255	**43**| I 676	**72**| LJ 289
14| I 610	**44**| I 675	**73**| II 562
15| I 710	**45**| I 607	**74**| II 563
16| I 603	**46**| LJ 259	**75**| II 948
17| I 605	**47**| LJ 260	**76**| II 519
18| I 784	**48**| I 361	**77**| LJ 292
19| I 611	**49**| II 515	**78**| I 678
20| I 788	**50**| I 613	**79**| II 512
21| I 606	**51**| LJ 281	**80**| LJ 292
22| III 1648	**52**| I 203	**81**| LJ 293
23| I 604	**53**| I 198	**82**| I 257
24| I 673	**54**| I 641	**84**| I 319
25| I 725	**57**| I 610	**85**| I 683
26| II 912	**58**| II 979	**86**| I 695
27| II 548	**59**| III 1068	**87**| I 608
28| I 590	**60**| II 949	**91**| I 701
29| I 659	**61**| LJ 259	**93**| I 701
30| I 610	**62**| III 1769	**94**| I 310
31| I 788	**63**| II 948	**95**| II 535
35| II 1049	**64**| II 594	**96**| II 225
36| II 950	**65**| I 607	**97**| I 673
37| III 1734	**66**| I 321	**98**| I 659
38| I 657	**67**| I 320	**99**| LJ 277
39| I 676	**68**| I 572	**100**| I 651

101| I 223	**123**| I 361	**145**| III 1973
102| I 179	**124**| I 673	**146**| I 379
103| III 1931	**125**| I 604	**149**| I 600
104| III 1648	**126**| II 943	**150**| I 607
105| II 795	**127**| I 673	**151**| I 576
106| I 797	**131**| I 609	**152**| IV 366
107| III 1655	**132**| II 922	**153**| II 979
111| I 319	**133**| I 613	**154**| I 611
112| III 1390	**134**| I 796	**155**| III 1643
113| LJ 292	**135**| I 606	**156**| I 788
114| I 601	**136**| I 327	**157**| I 608
115| I 580	**137**| I 778	**158**| I 603
116| I 606	**138**| I 654	**159**| I 613
117| I 309	**139**| I 697	**160**| I 609
118| I 319	**140**| I 655	**161**| II 843
119| I 608	**141**| III 1967	**162**| I 234
120| I 361	**142**| I 649	**163**| I 612
121| I 328	**143**| III 1621	
122| I 366	**144**| I 789	

MASCHA KALÉKO
DURCH DIE BLUME

*»Sind üppig die Tantiemen, ersteht man Chrysanthemen.
Doch mangelt es an Zaster, so tut es auch die Aster.«*

Charmante Wortgewächse von Mascha Kaléko.
Mit zauberhaften Illustrationen von Eva Schöffmann-Davidov

ALLE LIEFERBAREN TITEL, INFORMATIONEN UND SPECIALS
FINDEN SIE ONLINE

---

www.dtv.de dtv

LITERATUR

Mascha Kaléko spricht Mascha Kaléko
»Interview mit mir selbst«

Durch Leben und Werk führen
Gisela Zoch-Westphal & Gerd Wameling

2 CD **171 4732**   ISBN 978-3-8291-1877-4

*Gisela-Zoch-Westphal und Gerd Wameling
führen durch Leben und Werk
Originalaufnahmen mit Mascha Kaléko
Hanne Wieder singt vier Chansons auf Texte
von Mascha Kaléko*

UNIVERSAL
UNIVERSAL MUSIC GROUP

www.dg-literatur.de